The Brave Donkey And Other Bilingual Spanish-English Stories for Kids

Pomme Bilingual

Published by Pomme Bilingual, 2024.

While every precaution has been taken in the preparation of this book, the publisher assumes no responsibility for errors or omissions, or for damages resulting from the use of the information contained herein.

THE BRAVE DONKEY AND OTHER BILINGUAL SPANISH-ENGLISH STORIES FOR KIDS

First edition. July 4, 2024.

ISBN: 979-8227331175

Written by Pomme Bilingual.

Table of Contents

Las Aventuras de Rayas, la Cebra Valiente

Había una vez en la sabana africana, una cebra llamada Rayas. Rayas no era una cebra común y corriente; ¡no señor! Rayas tenía un sueño muy especial: quería aprender a volar. Sí, como los pájaros.

Desde muy pequeño, Rayas miraba con envidia a los pájaros que cruzaban el cielo con gracia y ligereza. "¡Qué maravilloso sería volar y ver el mundo desde arriba!", pensaba Rayas mientras galopaba por la pradera con sus amigos animales.

Un día, Rayas decidió que no podía esperar más. Con valentía se acercó a los pájaros que descansaban en las ramas de un baobab gigante. "Hola amigos pájaros", dijo Rayas con su voz temblorosa pero decidida, "quisiera saber cómo puedo aprender a volar como ustedes".

Los pájaros, sorprendidos por la pregunta, se miraron entre sí con curiosidad. Finalmente, uno de ellos, llamado Plumitas, se adelantó y le dijo a Rayas: "No puedes volar, amigo Rayas. No tienes alas como nosotros".

Rayas no se dio por vencido. "Pero tengo piernas fuertes y puedo correr muy rápido. ¿No hay alguna manera de volar aunque no tenga alas?"

Los pájaros se miraron nuevamente, pensativos. "Bueno", dijo Plumitas después de un momento, "tal vez podrías intentar construir algo que te ayude a volar. Como un avión hecho de ramas y hojas".

Rayas se entusiasmó con la idea. Reunió a sus amigos más cercanos: Simba el león, Ella la elefanta y Pedro el mono, y juntos trabajaron durante días construyendo un artefacto que pudiera llevar a Rayas por los cielos.

Finalmente, después de muchas pruebas y ajustes, el día del gran vuelo llegó. Rayas se colocó en su avión improvisado, respiró profundamente y dio un salto hacia adelante. El artefacto tembló y Rayas sintió un cosquilleo en el estómago mientras el suelo se alejaba rápidamente bajo sus patas.

¡Estaba volando! Rayas miró hacia abajo y vio a sus amigos animales asombrados mirándolo desde abajo. "¡Lo lograste, Rayas!", gritó Simba con entusiasmo.

Rayas voló sobre la sabana, sobre los ríos y los árboles, viendo todo desde una perspectiva completamente nueva. Se sentía libre y feliz como nunca antes.

Después de un rato, Rayas decidió que era momento de volver a tierra firme. Con cuidado, comenzó a descender lentamente, con la ayuda del viento que soplaba suavemente.

Cuando finalmente aterrizó, todos sus amigos corrieron hacia él para felicitarlo. "¡Eres increíble, Rayas!", dijo Ella con una sonrisa enorme.

Desde ese día, Rayas entendió que no necesitaba alas para volar. Con determinación, creatividad y el apoyo de sus amigos, pudo alcanzar su sueño y descubrir una nueva forma de ver el mundo.

Y así, las aventuras de Rayas, la cebra valiente, se convirtieron en una historia que todos los animales de la sabana recordarían para siempre.

The Adventures of Stripes, the Brave Zebra

Once upon a time in the African savannah, there was a zebra named Stripes. Stripes wasn't your ordinary zebra; oh no! Stripes had a very special dream: he wanted to learn how to fly. Yes, like the birds.

Since he was very young, Stripes had looked up with envy at the birds gliding gracefully across the sky. "How wonderful it would be to fly and see the world from above!" thought Stripes as he galloped through the meadow with his animal friends.

One day, Stripes decided he couldn't wait any longer. With courage, he approached the birds resting on the branches of a giant baobab tree. "Hello, bird friends," said Stripes, his voice trembling but determined, "I would like to know how I can learn to fly like you."

The birds, surprised by the question, looked at each other curiously. Finally, one of them named Feathers stepped forward and said to Stripes, "You can't fly, my friend Stripes. You don't have wings like us."

Stripes didn't give up. "But I have strong legs and can run very fast. Isn't there any way I can fly even though I don't have wings?"

The birds looked at each other again, thoughtfully. "Well," said Feathers after a moment, "perhaps you could try to build something that helps you fly. Like a plane made of branches and leaves."

Stripes was excited about the idea. He gathered his closest friends—Simba the lion, Ella the elephant, and Peter the monkey—and together they worked for days building a contraption that could take Stripes through the skies.

Finally, after many trials and adjustments, the day of the great flight arrived. Stripes climbed into his makeshift plane, took a deep breath, and leaped forward. The contraption trembled, and Stripes felt a tickle in his stomach as the ground quickly receded beneath his hooves.

He was flying! Stripes looked down and saw his amazed animal friends watching from below. "You did it, Stripes!" cheered Simba enthusiastically.

Stripes flew over the savannah, over rivers and trees, seeing everything from a completely new perspective. He felt free and happier than ever before.

After a while, Stripes decided it was time to come back to solid ground. Carefully, he began to descend slowly, aided by the gentle wind blowing.

When he finally landed, all his friends ran towards him to congratulate him. "You're amazing, Stripes!" exclaimed Ella with a huge smile.

From that day on, Stripes understood that he didn't need wings to fly. With determination, creativity, and the support of his friends, he was able to achieve his dream and discover a new way of seeing the world.

And so, the adventures of Stripes, the brave zebra, became a story that all the animals of the savannah would remember forever.

Las Aventuras de Oso, el Amigo Extraordinario

En lo profundo del bosque encantado vivía un oso muy especial llamado Oso. No era un oso común y corriente; ¡ni mucho menos! Oso tenía un talento extraordinario: podía hablar con los árboles y entender lo que los animales del bosque decían. Esta habilidad lo hacía el amigo más querido de todos en el bosque.

Un día, mientras Oso caminaba por el sendero de musgo verde, escuchó un murmullo entre los árboles. Se acercó con curiosidad y descubrió a un grupo de ardillas discutiendo acaloradamente. Parecía que estaban en desacuerdo sobre quién había encontrado la nuez más grande.

"¡Amigos ardillas!", exclamó Oso con una sonrisa amigable, "¿puedo ayudarlos en algo?"

Las ardillas se sorprendieron al principio al escuchar hablar a Oso, pero rápidamente se dieron cuenta de que él era amigable y simpático. Le contaron sobre su disputa y Oso les propuso una solución: midieron cuidadosamente cada nuez con una vara larga y descubrieron que todas eran del mismo tamaño. Las ardillas se miraron entre sí y luego rieron, agradeciendo a Oso por resolver su problema de manera justa.

Desde ese día, Oso se convirtió en el pacificador del bosque. Cuando los conejos discutían sobre qué zanahoria era la más dulce o cuando los pájaros debatían sobre cuál era el mejor nido, todos acudían a Oso para que los ayudara a encontrar una solución amigable.

Pero no todo era paz y tranquilidad en el bosque encantado. Una tarde, cuando el sol se ponía detrás de las montañas, Oso escuchó un ruido extraño cerca del arroyo cristalino. Se acercó cautelosamente y vio a una pequeña liebre atrapada entre las ramas de un arbusto espinoso.

"Oh no, pobre liebre", murmuró Oso para sí mismo. Se acercó despacio y con mucho cuidado desenredó las patitas de la liebre de las espinas. La liebre, al sentirse libre, saltó de alegría y abrazó a Oso con gratitud.

"¡Gracias, Oso amigo!", exclamó la liebre con una voz suave y emocionada.

Oso sonrió con ternura. "No hay de qué, querida liebre. Estoy aquí para ayudar a todos los que necesiten una mano amiga".

La fama de Oso como el amigo extraordinario del bosque se extendió rápidamente. Los animales del bosque confiaban en él y sabían que podían contar con su ayuda en cualquier momento.

Una mañana soleada, mientras Oso recogía bayas silvestres cerca del claro del bosque, escuchó un susurro en el viento. Era el árbol más antiguo del bosque, un roble majestuoso que había visto pasar muchas generaciones de animales.

"Oso", dijo el roble con voz profunda y sabia, "he escuchado que el ciervo dorado, una criatura mítica, ha aparecido en lo más profundo del bosque. Dicen que quien lo encuentre será bendecido con un deseo".

Oso escuchó con atención. El ciervo dorado era una leyenda entre los habitantes del bosque, pero nadie había logrado encontrarlo en siglos. La idea de cumplir un deseo emocionó a Oso, pero también sabía que el bosque podía ser un lugar peligroso para aventurarse solo.

Decidió pedir ayuda a sus amigos. Reunió a las ardillas, los conejos, los pájaros y a todos los animales del bosque en una reunión bajo el roble antiguo. Les contó sobre el ciervo dorado y les pidió que lo acompañaran en la búsqueda.

"¡Claro que te ayudaremos, Oso amigo!", exclamaron las ardillas con entusiasmo.

Y así, con el ánimo y la ayuda de sus amigos, Oso y los demás animales se adentraron en lo más profundo del bosque encantado en busca del ciervo dorado. Durante días recorrieron senderos ocultos, cruzaron ríos cristalinos y escalaron montañas nevadas.

Finalmente, una tarde dorada, mientras el sol se ponía en el horizonte, vieron una figura dorada entre los árboles. Era el ciervo dorado, majestuoso y brillante como el sol. Todos los animales contuvieron el aliento mientras se acercaban lentamente.

El ciervo dorado los miró con ojos amables y les habló con una voz suave. "¿Qué desean, valientes amigos del bosque?"

Oso dio un paso adelante y con humildad dijo: "Ciervo dorado, deseamos la paz y la armonía en nuestro querido bosque encantado. Queremos que todos los habitantes del bosque vivan en paz y se ayuden mutuamente como lo hemos hecho nosotros".

El ciervo dorado sonrió y asintió. "Así será, noble Oso. Vuestra amistad y generosidad han demostrado que el verdadero tesoro del bosque encantado es el amor y la solidaridad entre todos sus habitantes".

Y así, gracias al deseo de Oso y sus amigos, el bosque encantado floreció aún más con la amistad y el compañerismo entre todos los animales. Oso siguió siendo el amigo extraordinario del bosque, siempre dispuesto a ayudar y hacer sonreír a quienes lo necesitaran.

Y así termina la historia de Oso, el amigo extraordinario, cuyo corazón noble y su espíritu amable iluminaron para siempre el bosque encantado.

The Adventures of Bear, the Extraordinary Friend

Deep in the enchanted forest lived a very special bear named Bear. He wasn't an ordinary bear; not at all! Bear had an extraordinary talent: he could talk to trees and understand what the forest animals were saying. This ability made him the most beloved friend of all in the forest.

One day, as Bear walked along the trail of green moss, he heard a murmur among the trees. He approached with curiosity and discovered a group of squirrels arguing heatedly. It seemed they were disagreeing about who had found the biggest nut.

"Friends squirrels!" exclaimed Bear with a friendly smile, "can I help you with something?"

The squirrels were initially surprised to hear Bear speak, but quickly realized he was friendly and kind. They told him about their dispute, and Bear proposed a solution: they carefully measured each nut with a long stick and discovered that they were all the same size. The squirrels looked at each other and then laughed, thanking Bear for solving their problem fairly.

From that day on, Bear became the peacemaker of the forest. When rabbits argued about which carrot was the sweetest or when birds debated which nest was the best, they all turned to Bear to help them find a friendly solution.

But not everything was peace and quiet in the enchanted forest. One afternoon, as the sun set behind the mountains, Bear heard a strange noise near the crystal-clear stream. He approached cautiously and saw a little hare trapped among the branches of a thorny bush.

"Oh no, poor hare," murmured Bear to himself. He approached slowly and carefully untangled the hare's legs from the thorns. The hare, feeling free, jumped for joy and hugged Bear with gratitude.

"Thank you, Bear friend!" exclaimed the hare with a soft and excited voice.

Bear smiled tenderly. "You're welcome, dear hare. I'm here to help anyone who needs a friendly hand."

Bear's fame as the extraordinary friend of the forest spread quickly. The forest animals trusted him and knew they could count on his help anytime.

One sunny morning, as Bear picked wild berries near the forest clearing, he heard a whisper in the wind. It was the oldest tree in the forest, a majestic oak that had seen many generations of animals pass by.

"Bear," said the oak with a deep and wise voice, "I've heard that the golden deer, a mythical creature, has appeared deep in the forest. They say whoever finds it will be granted a wish."

Bear listened attentively. The golden deer was a legend among the forest inhabitants, but no one had managed to find it in centuries. The idea of fulfilling a wish excited Bear, but he also knew that the forest could be a dangerous place to venture into alone.

He decided to ask for help from his friends. He gathered the squirrels, rabbits, birds, and all the forest animals in a meeting under the ancient oak tree. He told them about the golden deer and asked them to accompany him on the search.

"Of course we'll help you, Bear friend!" exclaimed the squirrels enthusiastically.

And so, with the encouragement and help of his friends, Bear and the other animals ventured deep into the enchanted forest in search of the golden deer. For days they traveled hidden paths, crossed crystal-clear rivers, and climbed snowy mountains.

Finally, one golden evening, as the sun set on the horizon, they saw a golden figure among the trees. It was the golden deer, majestic and shining like the sun. All the animals held their breath as they approached slowly.

The golden deer looked at them with kind eyes and spoke to them in a gentle voice. "What do you wish for, brave friends of the forest?"

Bear stepped forward and humbly said, "Golden deer, we wish for peace and harmony in our beloved enchanted forest. We want all the forest inhabitants to live in peace and help each other as we have done."

The golden deer smiled and nodded. "So it shall be, noble Bear. Your friendship and generosity have shown that the true treasure of the enchanted forest is love and solidarity among all its inhabitants."

And so, thanks to Bear's and his friends' wish, the enchanted forest flourished even more with friendship and companionship among all the animals. Bear continued to be the extraordinary friend of the forest, always ready to help and bring smiles to those in need.

And thus ends the story of Bear, the extraordinary friend, whose noble heart and kind spirit forever illuminated the enchanted forest.

Las Aventuras de Flora, la Florista Fantástica

En el corazón de un pintoresco pueblo, donde las calles estaban empedradas y las casas parecían sacadas de un cuento de hadas, vivía Flora, una joven florista con un talento extraordinario. Flora no solo conocía cada tipo de flor y sus secretos más profundos, sino que también tenía la habilidad especial de hacer que las plantas crecieran más rápido y más hermosas con solo sus palabras de aliento.

Desde que era pequeña, Flora había sentido una conexión especial con las flores. Su abuela, una renombrada botánica, le enseñó todo lo que sabía sobre la naturaleza y el arte de cultivar jardines. Flora heredó el amor por las flores y el deseo de hacer del mundo un lugar más colorido y feliz.

La tienda de Flora, "El Jardín Encantado", era un lugar mágico lleno de aromas dulces y colores brillantes. En las paredes, las plantas trepadoras tejían patrones intrincados y las flores bailaban con la brisa que entraba por las ventanas. Flora conocía a cada cliente por su nombre y siempre encontraba la flor perfecta para cada ocasión especial.

Un día soleado, mientras Flora estaba ocupada preparando un ramo de rosas para la boda del alcalde, escuchó un susurro procedente de una maceta en el rincón más alejado de la tienda. Se acercó con curiosidad y descubrió a una pequeña violeta que parecía estar triste.

"¿Qué sucede, querida violeta?", preguntó Flora con voz suave.

La violeta levantó tímidamente sus pétalos y respondió en voz baja, "Me siento triste porque todos mis amigos han sido comprados y me siento sola".

Flora sonrió con ternura y acarició las hojas de la violeta con cuidado. "No te preocupes, pequeña violeta. Te encontraré un hogar donde puedas crecer y florecer feliz".

Así, Flora decidió crear una sección especial en su tienda llamada "El Rincón de las Flores Solitarias". Allí, las flores que nadie parecía notar tenían la oportunidad de encontrar a alguien que las apreciara y cuidara. Con palabras amables y cuidados amorosos, Flora ayudaba a cada flor a recuperar su brillo y belleza.

Un día, una niña llamada Clara entró corriendo en la tienda con los ojos brillantes de emoción. "¡Flora, Flora!", exclamó Clara, "¡he encontrado un diente de león gigante en el campo! ¡Es tan grande como mi cabeza!"

Flora rió con suavidad y siguió a Clara afuera, donde la niña mostró orgullosamente el enorme diente de león que había encontrado. Flora observó maravillada la planta y luego se arrodilló junto a Clara.

"Este es un diente de león muy especial, Clara", dijo Flora con una sonrisa. "¿Sabes por qué?"

Clara negó con la cabeza, sus ojos aún brillaban de curiosidad.

"Porque los dientes de león grandes como este tienen la capacidad de conceder deseos", explicó Flora con voz suave. "Cierra los ojos y piensa en un deseo muy especial".

Clara cerró los ojos con fuerza y pensó en su deseo más profundo mientras soplaba suavemente las semillas del diente de león. Flora miró con cariño y esperanza mientras las semillas volaban con el viento, llevando consigo el deseo de Clara hacia el cielo.

Después de eso, Clara y Flora se convirtieron en grandes amigas. Clara visitaba la tienda de Flora casi todos los días después de la escuela, ayudando a cuidar las plantas y aprendiendo sobre el lenguaje secreto de las flores. Flora compartía historias mágicas sobre cómo cada flor tenía su propio significado y cómo podían transmitir mensajes de amor, amistad y esperanza.

Una tarde tranquila, cuando el sol se ponía detrás de las montañas, Flora recibió una carta muy especial. La carta estaba escrita en papel perfumado con el aroma dulce de las rosas y estaba adornada con flores secas de colores brillantes.

Flora abrió la carta con cuidado y leyó las palabras escritas con elegancia:

"Querida Flora,

Quiero agradecerte por traer tanta belleza y alegría a nuestras vidas con tus maravillosas flores. Cada vez que entramos en tu tienda, sentimos un pedacito de magia y amor. Eres verdaderamente una florista extraordinaria.

Con gratitud y cariño,

Los habitantes del pintoresco pueblo"

Flora sintió un nudo en la garganta y una cálida sensación en el corazón. Ella nunca había imaginado que su pasión por las flores traería tanta felicidad a los demás. Con lágrimas de alegría en los ojos, decidió compartir la carta con Clara y todos los amigos del pueblo que siempre habían apoyado su sueño de convertir el mundo en un lugar más hermoso.

Y así, las aventuras de Flora, la florista fantástica, se convirtieron en una historia que inspiraba a todos a encontrar la belleza en las cosas simples y a cultivar la magia del amor y la amistad a través de las flores.

The Adventures of Flora, the Fantastic Florist

In the heart of a picturesque village, where the streets were cobblestone and the houses seemed straight out of a fairy tale, lived Flora, a young florist with an extraordinary talent. Flora not only knew every type of flower and their deepest secrets, but she also had the special ability to make plants grow faster and more beautiful with just her words of encouragement.

Since she was a child, Flora had felt a special connection to flowers. Her grandmother, a renowned botanist, taught her everything she knew about nature and the art of cultivating gardens. Flora inherited a love for flowers and a desire to make the world a more colorful and happier place.

Flora's shop, "The Enchanted Garden," was a magical place filled with sweet aromas and bright colors. On the walls, climbing plants wove intricate patterns, and flowers danced in the breeze that came through the windows. Flora knew each customer by name and always found the perfect flower for every special occasion.

One sunny day, while Flora was busy preparing a bouquet of roses for the mayor's wedding, she heard a whisper coming from a pot in the farthest corner of the shop. She approached with curiosity and discovered a small violet that seemed to be sad.

"What's the matter, dear violet?" Flora asked softly.

The violet timidly lifted its petals and replied in a low voice, "I feel sad because all my friends have been bought, and I feel lonely."

Flora smiled tenderly and carefully stroked the violet's leaves. "Don't worry, little violet. I'll find you a home where you can grow and bloom happily."

So, Flora decided to create a special section in her shop called "The Corner of Lonely Flowers." There, flowers that no one seemed to notice had the chance to find someone who appreciated and cared for them. With kind words and loving care, Flora helped each flower regain its shine and beauty.

One day, a girl named Clara rushed into the shop with excitement in her eyes. "Flora, Flora!" exclaimed Clara, "I found a giant dandelion in the field! It's as big as my head!"

Flora chuckled softly and followed Clara outside, where the girl proudly showed off the huge dandelion she had found. Flora watched in wonder at the plant and then knelt down beside Clara.

"This is a very special dandelion, Clara," Flora said with a smile. "Do you know why?"

Clara shook her head, her eyes still shining with curiosity.

"Because dandelions as big as this one have the ability to grant wishes," explained Flora softly. "Close your eyes and think of a very special wish."

Clara squeezed her eyes shut and thought of her deepest wish as she gently blew the dandelion's seeds. Flora watched with fondness and hope as the seeds floated away on the wind, carrying Clara's wish to the sky.

After that, Clara and Flora became great friends. Clara visited Flora's shop almost every day after school, helping to care for the plants and learning about the secret language of flowers. Flora shared magical stories about how each flower had its own meaning and how they could convey messages of love, friendship, and hope.

One quiet afternoon, as the sun set behind the mountains, Flora received a very special letter. The letter was written on perfumed paper with the sweet scent of roses and was adorned with bright dried flowers.

Flora carefully opened the letter and read the elegantly written words:

"Dear Flora,

I want to thank you for bringing so much beauty and joy into our lives with your wonderful flowers. Every time we enter your shop, we feel a bit of magic and love. You are truly an extraordinary florist.

With gratitude and affection,

The inhabitants of the picturesque village"

Flora felt a lump in her throat and a warm feeling in her heart. She had never imagined that her passion for flowers would bring so much happiness to others. With tears of joy in her eyes, she decided to share the letter with Clara and all the friends in the village who had always supported her dream of making the world a more beautiful place.

And so, the adventures of Flora, the fantastic florist, became a story that inspired everyone to find beauty in simple things and to cultivate the magic of love and friendship through flowers.

Las Aventuras de Mimoso, el Gato Curioso

En un tranquilo vecindario lleno de casitas coloridas y jardines florecientes, vivía Mimoso, un gato con un pelaje suave como el terciopelo y ojos tan verdes como las hojas nuevas de primavera. Mimoso no era un gato común y corriente; tenía una curiosidad insaciable que lo llevaba a descubrir misterios y aventuras en cada rincón del vecindario.

Desde muy pequeño, Mimoso había demostrado una habilidad especial para encontrar objetos perdidos y resolver pequeños enigmas que desconcertaban a sus dueños humanos. Su nariz aguda y sus reflejos rápidos lo convertían en el detective no oficial del vecindario, aunque su mayor interés estaba en investigar todo lo que despertara su curiosidad.

Una mañana soleada de verano, mientras exploraba el jardín de la señora Marta, una anciana amable que siempre le dejaba leche fresca en un platito bajo el rosal, Mimoso notó algo extraño brillando entre las hojas. Se acercó sigilosamente y descubrió una pequeña llave dorada, tan reluciente que parecía haber sido sacada de un cofre del tesoro.

"¿Qué tenemos aquí?", murmuró Mimoso para sí mismo, mientras levantaba la llave con una pata y la examinaba con curiosidad.

La llave tenía un grabado sutil en su mango, que parecía formar una serie de letras que Mimoso no lograba descifrar con sus conocimientos felinos. Decidió llevar la llave consigo y mostrarla a su mejor amigo, Pompón, un pajarito muy parlanchín que vivía en el árbol justo al lado de su ventana favorita.

"Pompón, mira lo que encontré hoy en el jardín de la señora Marta", dijo Mimoso emocionado, mostrándole la llave dorada.

Pompón, con sus ojos brillantes de emoción, dio vueltas alrededor de la llave y observó el grabado con atención. "¡Qué hallazgo tan intrigante, Mimoso! Parece que esta llave guarda un misterio muy especial".

Los dos amigos decidieron investigar juntos y buscaron en todos los rincones del vecindario en busca de una cerradura que encajara con la llave dorada. Revisaron bajo las macetas de flores, detrás de los arbustos y hasta en el antiguo cobertizo del vecino gruñón, el señor Jenkins, pero no encontraron nada que pareciera estar conectado con la llave misteriosa.

Una tarde lluviosa, mientras Mimoso se refugiaba bajo un alero cerca de la plaza del vecindario, escuchó murmullos entre las palomas que revoloteaban en el techo del quiosco de periódicos.

"¿Has escuchado sobre el misterio de la llave dorada?", preguntaba una paloma a otra con tono emocionado.

Mimoso levantó las orejas y se acercó sigilosamente para escuchar mejor.

"Dicen que la llave pertenece a una puerta secreta que lleva al jardín más hermoso y encantado que jamás hayamos visto", respondió la otra paloma, moviendo sus alas con entusiasmo.

Mimoso sintió que su corazón de gato aventurero latía con emoción. ¿Podría ser cierto que la llave dorada condujera a un jardín encantado? Decidió seguir las pistas y resolver el misterio de una vez por todas.

Con la ayuda de Pompón y las palomas que le habían dado la pista, Mimoso y sus amigos exploraron cada callejón y cada esquina del vecindario. Finalmente, en un callejón oculto detrás de la panadería del señor Gómez, encontraron una vieja puerta cubierta de enredaderas con una cerradura que brillaba bajo la luz del sol.

"Parece que hemos encontrado algo", susurró Mimoso con una sonrisa mientras se acercaba cautelosamente a la puerta.

Pompón y las palomas observaban con expectación mientras Mimoso insertaba la llave dorada en la cerradura. Con un clic suave, la puerta se abrió lentamente, revelando un pasaje cubierto de hojas caídas y flores silvestres que bailaban con la brisa.

Los amigos se miraron entre sí con asombro y emoción antes de adentrarse juntos en el jardín secreto. Lo que encontraron los dejó sin palabras: árboles centenarios con hojas brillantes, fuentes de agua cristalina y flores de colores que parecían no pertenecer a este mundo.

"¡Es maravilloso!", exclamó Pompón, saltando de alegría sobre una rama cercana.

Mimoso respiró el aire fresco del jardín encantado y sintió una paz profunda que solo la naturaleza puede ofrecer. Se paseó entre las flores exóticas y observó mariposas de colores brillantes revoloteando a su alrededor.

De repente, una voz suave y melodiosa resonó entre los árboles. "Bienvenidos, amigos curiosos, al Jardín de los Sueños".

Los tres amigos se giraron y vieron a una hermosa mariposa azul posada en una flor de lirio. La mariposa brillaba con una luz mágica y les sonreía con dulzura.

"¿Eres tú quien nos ha traído aquí, mariposa?", preguntó Mimoso con curiosidad.

La mariposa asintió con gracia. "Soy Iris, la guardiana del jardín encantado. He estado esperando mucho tiempo a que alguien tan curioso como tú descubriera el camino hacia este lugar".

Mimoso, Pompón y las palomas se presentaron ante Iris y le contaron sobre la llave dorada y cómo habían seguido las pistas hasta llegar al jardín secreto. Iris escuchó atentamente y luego les explicó que el jardín encantado era un lugar mágico donde los corazones curiosos podían encontrar paz, alegría y la belleza de la naturaleza en su forma más pura.

Los amigos exploraron el jardín encantado durante horas, maravillándose con cada rincón y cada criatura mágica que encontraban. Al final de su aventura, Iris les regaló una pequeña semilla de flor de luna, una flor mística que solo florecía una vez cada cien años.

"Guarden esta semilla como recuerdo de su valentía y curiosidad", dijo Iris mientras se despedían con tristeza del jardín encantado.

Mimoso, Pompón y las palomas regresaron al vecindario con el corazón lleno de alegría y los ojos brillantes de emoción. Habían descubierto un tesoro más allá de lo que jamás habían imaginado, y ahora sabían que la curiosidad y la amistad podían llevarlos a lugares mágicos y maravillosos.

Desde ese día, Mimoso siguió siendo conocido como el gato curioso que había encontrado el camino hacia el Jardín de los Sueños. Y cada vez que alguien perdía algo o necesitaba resolver un enigma, todos sabían que podían contar con Mimoso para ayudarlos con su astucia felina y su corazón valiente.

Y así termina la historia de Mimoso, el gato curioso, cuya búsqueda de aventuras y descubrimientos lo llevó a descubrir la magia oculta justo bajo sus narices.

The Adventures of Mimoso, the Curious Cat

In a quiet neighborhood filled with colorful houses and flourishing gardens lived Mimoso, a cat with fur as soft as velvet and eyes as green as fresh spring leaves. Mimoso wasn't an ordinary cat; he had an insatiable curiosity that led him to discover mysteries and adventures in every corner of the neighborhood.

From a very young age, Mimoso had shown a special ability to find lost objects and solve small puzzles that baffled his human owners. His sharp nose and quick reflexes made him the unofficial detective of the neighborhood, although his greatest interest was in investigating anything that piqued his curiosity.

One sunny summer morning, while exploring Mrs. Marta's garden, a kind elderly lady who always left fresh milk for him in a dish under the rose bush, Mimoso noticed something strange glinting among the leaves. He approached stealthily and discovered a small golden key, so shiny it looked like it had been taken from a treasure chest.

"What do we have here?" murmured Mimoso to himself, lifting the key with a paw and examining it with curiosity.

The key had a subtle engraving on its handle, forming a series of letters that Mimoso couldn't decipher with his feline knowledge. He decided to take the key with him and show it to his best friend, Pompón, a very chatty little bird who lived in the tree right next to his favorite window.

"Pompón, look what I found today in Mrs. Marta's garden," said Mimoso excitedly, showing him the golden key.

Pompón, with his eyes shining with excitement, fluttered around the key and examined the engraving carefully. "What an intriguing find, Mimoso! It seems like this key holds a very special mystery."

The two friends decided to investigate together and searched every corner of the neighborhood for a lock that matched the golden key. They checked under flower pots, behind bushes, and even in the grumpy neighbor Mr. Jenkins' old shed, but found nothing that seemed connected to the mysterious key.

One rainy afternoon, while Mimoso took shelter under an eave near the neighborhood square, he heard murmurs among the pigeons fluttering on the roof of the newspaper kiosk.

"Have you heard about the mystery of the golden key?" asked one pigeon to another excitedly.

Mimoso perked up his ears and approached stealthily to listen better.

"They say the key belongs to a secret door that leads to the most beautiful and enchanted garden we've ever seen," replied the other pigeon, flapping its wings with excitement.

Mimoso felt his adventurous cat heart beat with excitement. Could it be true that the golden key led to an enchanted garden?

He decided to follow the clues and solve the mystery once and for all.

With the help of Pompón and the pigeons who had given him the clue, Mimoso and his friends explored every alley and every corner of the neighborhood. Finally, in a hidden alley behind Mr. Gómez's bakery, they found an old door covered in vines with a lock that gleamed under the sunlight.

"It looks like we've found something," whispered Mimoso with a smile as he approached the door cautiously.

Pompón and the pigeons watched with anticipation as Mimoso inserted the golden key into the lock. With a soft click, the door opened slowly, revealing a passage covered in fallen leaves and wildflowers dancing in the breeze.

The friends looked at each other in awe and excitement before venturing together into the secret garden. What they found left them speechless: ancient trees with shining leaves, crystal-clear water fountains, and colorful flowers that seemed out of this world.

"It's wonderful!" exclaimed Pompón, jumping for joy on a nearby branch.

Mimoso breathed in the fresh air of the enchanted garden and felt a deep peace that only nature can offer. He wandered among the exotic flowers and watched brightly colored butterflies fluttering around him.

Suddenly, a soft and melodious voice echoed among the trees. "Welcome, curious friends, to the Garden of Dreams."

The three friends turned and saw a beautiful blue butterfly perched on a lily flower. The butterfly shimmered with a magical light and smiled sweetly at them.

"Are you the one who brought us here, butterfly?" asked Mimoso with curiosity.

The butterfly nodded gracefully. "I am Iris, the guardian of the enchanted garden. I have been waiting for a curious soul like you to discover the path to this place."

Mimoso, Pompón, and the pigeons introduced themselves to Iris and told her about the golden key and how they had followed the clues to reach the secret garden. Iris listened attentively and then explained that the enchanted garden was a magical place where curious hearts could find peace, joy, and the beauty of nature in its purest form.

The friends explored the enchanted garden for hours, marveling at every corner and every magical creature they encountered. At the end of their adventure, Iris gifted them a small moonflower seed, a mystical flower that only bloomed once every hundred years.

"Keep this seed as a memento of your bravery and curiosity," said Iris as they bid a sorrowful farewell to the enchanted garden.

Mimoso, Pompón, and the pigeons returned to the neighborhood with hearts full of joy and eyes shining with excitement. They had discovered a treasure beyond what they had ever imagined, and now they knew that curiosity and friendship could lead them to magical and wonderful places.

From that day on, Mimoso continued to be known as the curious cat who had found the way to the Garden of Dreams. And whenever someone lost something or needed to solve a puzzle, everyone knew they could count on Mimoso to help them with his feline cleverness and brave heart.

And so ends the story of Mimoso, the curious cat, whose quest for adventure and discovery led him to uncover the hidden magic right under his nose.

Las Aventuras de Burrito, el Burro Valiente

En un tranquilo pueblo rodeado de verdes praderas y altas montañas, vivía Burrito, un burro con un corazón valiente y orejas largas que siempre estaban atentas a cualquier sonido curioso. Burrito no era un burro común y corriente; tenía una habilidad especial para encontrar soluciones creativas a los problemas más complicados, lo cual a menudo lo llevaba a vivir aventuras emocionantes.

Desde pequeño, Burrito había soñado con explorar el mundo más allá de las cercanas colinas y descubrir nuevos lugares llenos de misterios y tesoros escondidos. Sin embargo, su dueño, el granjero Don Sebastián, lo necesitaba para ayudar en las labores diarias del campo, como transportar leña, llevar agua del arroyo y cuidar del huerto.

Una tarde soleada de primavera, mientras Burrito descansaba bajo la sombra de un viejo roble después de un día de trabajo duro, escuchó murmullos emocionados provenientes del mercado del pueblo. Curioso como siempre, se levantó con un brinco y se acercó para investigar.

"¡Han llegado noticias increíbles!", exclamaba un grupo de aldeanos emocionados mientras discutían entre sí.

Intrigado, Burrito se acercó aún más y preguntó con voz amable: "Disculpen, ¿qué noticias tan emocionantes han llegado al pueblo?"

Los aldeanos se giraron sorprendidos al ver a Burrito, quien era conocido por su amabilidad y su deseo constante de aprender sobre el mundo más allá de la granja. Uno de los aldeanos, un anciano con barba blanca y ojos brillantes, se adelantó y dijo: "Burrito, hemos escuchado que en la colina más alta de la montaña cercana, hay una cueva misteriosa que guarda un tesoro perdido desde hace siglos".

Burrito sintió que su corazón de aventurero latía con emoción. Un tesoro perdido sonaba como el tipo de aventura que siempre había soñado vivir. Decidió que debía investigar y descubrir por sí mismo si la leyenda era verdad.

Esa noche, cuando todos dormían en la granja, Burrito escapó sigilosamente y comenzó su ascenso hacia la colina más alta. Sus pezuñas seguras encontraban cada paso en la oscuridad, y sus orejas largas capturaban cada sonido del bosque nocturno. La luna brillaba sobre él como una guía amiga mientras se acercaba cada vez más a la cima de la montaña.

Después de horas de caminar y subir, Burrito finalmente llegó a la entrada de la cueva misteriosa. Una suave brisa soplaba desde el interior, trayendo consigo un aroma de antigüedad y promesas de aventura. Con paso firme y corazón valiente, Burrito entró en la oscuridad de la cueva.

Dentro, descubrió pasadizos laberínticos y antiguas inscripciones en las paredes que contaban historias de héroes olvidados y tesoros perdidos. Avanzó con cautela, su curiosidad superando cualquier temor que pudiera sentir. Finalmente, llegó a una gran cámara donde, en el centro, brillaba un cofre antiguo cubierto de polvo y telarañas.

"¡Qué descubrimiento tan increíble!", exclamó Burrito, sorprendido por la belleza del cofre y el misterio que envolvía su contenido.

Con cuidado, Burrito abrió el cofre con su hocico y encontró dentro un collar de piedras brillantes y monedas de oro relucientes. Era un tesoro que había sido olvidado por generaciones, esperando pacientemente a que alguien tan valiente como Burrito lo descubriera.

Decidió llevarse una pequeña parte del tesoro como recuerdo de su aventura y regresó a la granja antes del amanecer. Se sentía emocionado por lo que había encontrado, pero también sabía que su lugar estaba junto a Don Sebastián y los demás animales de la granja que lo habían cuidado y apoyado.

Al llegar a la granja, fue recibido con abrazos y risas de alegría por parte de los demás animales. Contó su historia sobre la cueva misteriosa y el tesoro perdido, y todos escucharon con admiración y asombro. A partir de ese día, Burrito se convirtió en una leyenda en el pueblo, conocido como el burro valiente que había desafiado las adversidades para encontrar un tesoro perdido.

Sin embargo, la verdadera recompensa para Burrito no estaba en el tesoro, sino en el conocimiento de que había vivido una aventura que cambiaría su vida para siempre. Aunque siempre recordaría la emoción de explorar la cueva misteriosa y descubrir el tesoro perdido, sabía que el verdadero tesoro era la amistad y el amor que compartía con aquellos que lo rodeaban.

Y así, las aventuras de Burrito, el burro valiente, se convirtieron en una historia que inspiraba a todos a seguir sus sueños y nunca rendirse en la búsqueda de la verdadera aventura y el verdadero tesoro que yace en el corazón.

The Adventures of Burrito, the Brave Donkey

In a quiet village surrounded by green meadows and tall mountains lived Burrito, a donkey with a brave heart and long ears that were always alert to any curious sound. Burrito wasn't an ordinary donkey; he had a special ability to find creative solutions to the most complicated problems, which often led him to live exciting adventures.

Since he was young, Burrito had dreamed of exploring the world beyond the nearby hills and discovering new places full of mysteries and hidden treasures. However, his owner, Farmer Don Sebastián, needed him to help with the daily chores of the farm, such as carrying firewood, fetching water from the stream, and tending to the garden.

One sunny spring afternoon, while Burrito rested in the shade of an old oak tree after a hard day's work, he heard excited murmurs coming from the village market. Curious as always, he jumped up and approached to investigate.

"Incredible news has arrived!" exclaimed a group of excited villagers as they discussed among themselves.

Intrigued, Burrito approached even closer and asked kindly, "Excuse me, what exciting news has arrived in the village?"

The villagers turned surprised to see Burrito, who was known for his kindness and constant desire to learn about the world beyond the farm. One of the villagers, an elderly man with a white beard and sparkling eyes, stepped forward and said, "Burrito, we have heard that on the highest hill of the nearby mountain, there is a mysterious cave that holds a treasure lost for centuries."

Burrito felt his adventurous heart beat with excitement. A lost treasure sounded like the kind of adventure he had always dreamed of living. He decided he must investigate and discover for himself if the legend was true.

That night, while everyone slept on the farm, Burrito stealthily escaped and began his ascent to the highest hill. His sure hooves found each step in the darkness, and his long ears caught every sound of the nocturnal forest. The moon shone above him like a friendly guide as he neared the summit of the mountain.

After hours of walking and climbing, Burrito finally reached the entrance of the mysterious cave. A gentle breeze blew from within, carrying with it a scent of antiquity and promises of adventure. With firm step and brave heart, Burrito entered the darkness of the cave.

Inside, he discovered labyrinthine passages and ancient inscriptions on the walls that told stories of forgotten heroes and lost treasures. He advanced cautiously, his curiosity overcoming any fear he might feel. Finally, he reached a large chamber where, in the center, shone an ancient chest covered in dust and cobwebs.

"What an incredible discovery!" exclaimed Burrito, surprised by the beauty of the chest and the mystery surrounding its contents.

Carefully, Burrito opened the chest with his snout and found inside a necklace of sparkling stones and shiny gold coins. It was a treasure that had been forgotten for generations, patiently waiting for someone as brave as Burrito to discover it.

He decided to take a small part of the treasure as a memento of his adventure and returned to the farm before dawn. He felt excited about what he had found, but he also knew that his place was with Farmer Don Sebastián and the other animals on the farm who had cared for and supported him.

Upon returning to the farm, he was greeted with hugs and laughter of joy from the other animals. He told his story about the mysterious cave and the lost treasure, and everyone listened with admiration and amazement. From that day on, Burrito became a legend in the village, known as the brave donkey who had defied odds to find a lost treasure.

However, the true reward for Burrito was not in the treasure, but in the knowledge that he had lived an adventure that would change his life forever. Although he would always remember the thrill of exploring the mysterious cave and discovering the lost treasure, he knew that the real treasure was the friendship and love he shared with those around him.

And so, the adventures of Burrito, the brave donkey, became a story that inspired everyone to follow their dreams and never give up in the pursuit of true adventure and the true treasure that lies within the heart.

Las Maravillosas Aventuras de Octavio, el Pulpo Inteligente

En las profundidades del océano, donde los rayos del sol apenas alcanzan y las corrientes marinas susurran secretos antiguos, vivía Octavio, un pulpo extraordinariamente inteligente. Con sus ocho tentáculos ágiles y una mente curiosa, Octavio no era un pulpo común y corriente. Desde muy pequeño, había demostrado una habilidad especial para resolver problemas y crear ingeniosos inventos con los objetos que encontraba en el fondo del mar.

Octavio vivía en un cómodo refugio bajo un gran coral cerca de una colorida comunidad de peces, cangrejos y otros seres marinos. Sus vecinos lo apreciaban mucho, ya que siempre estaba dispuesto a ayudarles con cualquier problema, ya fuera desenredar redes de pesca o reparar conchas rotas. Pero lo que más disfrutaba Octavio eran sus aventuras y descubrimientos en los rincones más oscuros y misteriosos del océano.

Una mañana, mientras exploraba una cueva submarina en busca de materiales para su último invento, Octavio encontró un objeto peculiar enterrado en la arena. Era una antigua botella de cristal con un pergamino dentro. Intrigado, llevó la botella de vuelta a su refugio y, con mucho cuidado, sacó el pergamino.

Desenrollando el pergamino, Octavio descubrió que contenía un mapa del tesoro. Los trazos eran antiguos y difíciles de leer, pero mostraban claramente el camino hacia una isla misteriosa que se decía contenía un tesoro olvidado hace mucho tiempo. La emoción recorrió los tentáculos de Octavio. ¡Era la oportunidad perfecta para una nueva aventura!

Sin perder tiempo, Octavio compartió su descubrimiento con sus amigos más cercanos: Pablito el Pez Payaso, Clara la Cangreja y Estrella la Estrella de Mar. Todos estaban emocionados por la posibilidad de encontrar el tesoro y se ofrecieron a acompañar a Octavio en su viaje.

"¡Vamos a encontrar ese tesoro y a vivir una gran aventura!", exclamó Pablito, dando saltos de alegría.

"Pero debemos estar preparados para cualquier desafío que encontremos en el camino", advirtió Clara, siempre la más prudente del grupo.

"Y no olvidemos llevar algunos suministros", añadió Estrella con una sonrisa.

Juntos, el valiente grupo emprendió su viaje siguiendo el mapa. Navegaron a través de jardines de algas, evitaron corrientes traicioneras y exploraron cuevas submarinas en su búsqueda. Octavio, con su ingenio, siempre encontraba soluciones creativas a los problemas que surgían, ya fuera construyendo una balsa improvisada con trozos de coral o utilizando sus tentáculos para abrir puertas submarinas cerradas por mucho tiempo.

Durante su travesía, el grupo enfrentó varios desafíos. En un punto, se encontraron con un tiburón enorme y hambriento. Sin embargo, Octavio ideó un plan brillante. Utilizando su habilidad para cambiar de color y camuflarse, distrajo al tiburón mientras sus amigos nadaban rápidamente hacia un lugar seguro.

"¡Eres increíble, Octavio!" exclamó Clara, agradecida por su valentía y astucia.

Finalmente, después de varios días de viaje, el grupo llegó a la isla misteriosa señalada en el mapa. La isla estaba rodeada por arrecifes de coral brillantes y playas de arena dorada. En el centro, encontraron una antigua cueva oculta tras una cascada.

"¡El tesoro debe estar ahí dentro!", dijo Estrella, sus ojos brillando con anticipación.

Con cuidado, el grupo entró en la cueva y se maravilló con lo que encontraron. La cueva estaba llena de cofres antiguos, cada uno repleto de joyas, monedas de oro y artefactos valiosos. Sin embargo, lo más impresionante era un objeto en particular: una hermosa perla gigante que brillaba con una luz mágica.

"Esta perla es increíble", susurró Pablito, hipnotizado por su resplandor.

Octavio sabía que la perla era un tesoro especial y que no podía quedarse solo con ella. Decidieron llevar la perla de vuelta a su comunidad y compartir su hallazgo con todos sus vecinos.

El regreso a casa fue igual de emocionante, pero Octavio y sus amigos sabían que su aventura había sido un éxito. Al llegar a su hogar, fueron recibidos con alegría y admiración por parte de todos los habitantes del arrecife. La perla fue colocada en el centro de la plaza de coral, donde brillaba como un faro de esperanza y prosperidad para todos.

Desde ese día, Octavio fue conocido como el pulpo inteligente y valiente que había encontrado el tesoro de la isla misteriosa. Sus inventos y su capacidad para resolver problemas se volvieron aún más apreciados, y siempre fue el primero en ofrecerse para ayudar a sus amigos en cualquier nueva aventura.

Las historias de las maravillosas aventuras de Octavio inspiraron a muchos jóvenes habitantes del océano a ser valientes y curiosos, y a nunca dejar de explorar el mundo que los rodeaba. Y así, las aventuras de Octavio, el pulpo inteligente, continuaron, llenas de descubrimientos, amistad y la búsqueda constante de nuevos misterios por resolver.

The Wonderful Adventures of Octavio, the Clever Octopus

In the depths of the ocean, where the sun's rays barely reach and the sea currents whisper ancient secrets, lived Octavio, an extraordinarily intelligent octopus. With his eight agile tentacles and a curious mind, Octavio was not an ordinary octopus. From a very young age, he had demonstrated a special ability to solve problems and create ingenious inventions with the objects he found on the seabed.

Octavio lived in a cozy shelter under a large coral near a colorful community of fish, crabs, and other marine creatures. His neighbors appreciated him greatly, as he was always willing to help them with any problem, whether it was untangling fishing nets or repairing broken shells. But what Octavio enjoyed most were his adventures and discoveries in the darkest and most mysterious corners of the ocean.

One morning, while exploring an underwater cave in search of materials for his latest invention, Octavio found a peculiar object buried in the sand. It was an old glass bottle with a parchment inside. Intrigued, he took the bottle back to his shelter and, very carefully, removed the parchment.

Unrolling the parchment, Octavio discovered that it contained a treasure map. The lines were old and hard to read, but they clearly showed the way to a mysterious island said to contain a treasure forgotten long ago. Excitement ran through Octavio's tentacles. It was the perfect opportunity for a new adventure!

Without wasting time, Octavio shared his discovery with his closest friends: Pablito the Clownfish, Clara the Crab, and Estrella the Starfish. They were all excited about the possibility of finding the treasure and offered to accompany Octavio on his journey.

"Let's find that treasure and have a great adventure!" exclaimed Pablito, jumping for joy.

"But we must be prepared for any challenges we might face along the way," warned Clara, always the most cautious of the group.

"And let's not forget to bring some supplies," added Estrella with a smile.

Together, the brave group set out on their journey following the map. They navigated through kelp gardens, avoided treacherous currents, and explored underwater caves in their quest. Octavio, with his ingenuity, always found creative solutions to the problems that arose, whether it was building an improvised raft from pieces of coral or using his tentacles to open long-closed underwater doors.

During their journey, the group faced several challenges. At one point, they encountered a huge, hungry shark. However, Octavio devised a brilliant plan. Using his ability to change color and camouflage, he distracted the shark while his friends swam quickly to a safe place.

"You're amazing, Octavio!" exclaimed Clara, grateful for his bravery and cleverness.

Finally, after several days of travel, the group arrived at the mysterious island marked on the map. The island was surrounded by bright coral reefs and golden sandy beaches. In the center, they found an ancient cave hidden behind a waterfall.

"The treasure must be in there!" said Estrella, her eyes shining with anticipation.

Carefully, the group entered the cave and marveled at what they found. The cave was filled with ancient chests, each overflowing with jewels, gold coins, and valuable artifacts. However, the most impressive item was a particular object: a beautiful giant pearl that glowed with a magical light.

"This pearl is incredible," whispered Pablito, mesmerized by its glow.

Octavio knew that the pearl was a special treasure and that he couldn't keep it for himself. They decided to take the pearl back to their community and share their find with all their neighbors.

The return home was equally exciting, but Octavio and his friends knew their adventure had been a success. Upon arriving home, they were greeted with joy and admiration by all the inhabitants of the reef. The pearl was placed in the center of the coral plaza, where it shone like a beacon of hope and prosperity for all.

From that day on, Octavio was known as the clever and brave octopus who had found the treasure of the mysterious island.

His inventions and problem-solving skills became even more appreciated, and he was always the first to offer help to his friends on any new adventure.

The stories of Octavio's wonderful adventures inspired many young ocean inhabitants to be brave and curious, and to never stop exploring the world around them. And so, the adventures of Octavio, the clever octopus, continued, filled with discoveries, friendship, and the constant search for new mysteries to solve.

Las Aventuras de Pablo, el Paloma Cauta

En una vibrante ciudad llena de bullicio y emoción, vivía un paloma llamada Pablo. Pablo no era un paloma cualquiera; tenía una característica muy especial: ¡era el paloma más cauteloso y curioso de toda la ciudad! Sus plumas eran de un gris brillante con destellos de plata, y siempre llevaba un pequeño sombrero que le daba un toque muy distinguido. Aunque muchas palomas se contentaban con picotear migajas en los parques, Pablo tenía sueños de aventuras y misterios que le llevaban más allá de los límites de la ciudad.

Pablo pasaba sus días explorando cada rincón de la ciudad, desde los tejados altos hasta los callejones oscuros, buscando nuevas aventuras y resolviendo pequeños enigmas que encontraba en su camino. Sin embargo, su vida cotidiana cambió drásticamente un día cuando descubrió algo verdaderamente extraordinario.

Una mañana soleada, mientras Pablo volaba sobre el mercado, notó algo brillante en el suelo entre un montón de verduras frescas. Al aterrizar con elegancia, descubrió un pequeño cofre antiguo, cubierto de polvo y telarañas. El cofre parecía tan antiguo que casi se derrumba al tocarlo. Con su curiosidad al máximo, Pablo abrió el cofre con su pico y encontró dentro un mapa antiguo enrollado.

"¡Este mapa debe llevar a algún lugar emocionante!" pensó Pablo, examinando las delicadas líneas y los símbolos misteriosos en el pergamino.

El mapa mostraba una ruta a través de la ciudad, con una gran X marcada en un lugar que Pablo no reconocía. Determinado a descubrir adónde llevaba el mapa, Pablo decidió que debía seguir la ruta señalada y desentrañar el misterio.

El primer lugar en el mapa era el gran puente de la ciudad, un puente de piedra majestuoso que se arqueaba sobre el río. Pablo voló hasta allí y encontró una pista escondida en uno de los pilares del puente: una pequeña piedra con una inscripción que decía: "Sigue el camino dorado."

Pablo miró a su alrededor y notó un rastro de pequeñas piedras doradas que llevaban hacia un barrio antiguo de la ciudad. Siguiendo el rastro con gran atención, llegó a una calle adoquinada llena de tiendas y cafés con encanto. La pista lo llevó hasta una antigua librería, donde entró y encontró una segunda pista escondida entre los libros de historias de aventuras.

La pista decía: "Busca el reloj que siempre está en hora."

Intrigado, Pablo miró alrededor y vio un antiguo reloj de pared en una esquina de la librería. Se acercó al reloj y descubrió que detrás del reloj había una pequeña llave dorada. La llave tenía un intrincado diseño de filigrana y parecía que encajaría perfectamente en el cofre que había encontrado.

Con la llave en el pico, Pablo regresó al mercado donde había hallado el cofre. Usando la llave dorada, abrió el cofre y encontró una nota dentro que decía: "El verdadero tesoro está en la amistad y la valentía."

Al principio, Pablo se sintió un poco decepcionado. Había esperado encontrar un tesoro lleno de joyas o monedas, pero pronto se dio cuenta de que el mensaje de la nota era aún más valioso. La verdadera aventura no estaba en el oro, sino en las experiencias y amistades que había ganado durante su búsqueda.

Decidido a compartir su descubrimiento, Pablo organizó una gran fiesta en el parque de la ciudad e invitó a todos sus amigos, tanto palomas como otros animales. Durante la fiesta, les contó a todos sobre su aventura y el mensaje del mapa. Todos se sorprendieron y admiraron la valentía y la curiosidad de Pablo.

Esa noche, bajo el cielo estrellado, Pablo y sus amigos se sentaron juntos en el parque, disfrutando de la comida y riendo sobre las historias que Pablo había compartido. La fiesta fue un gran éxito y todos estaban de acuerdo en que la verdadera recompensa era la alegría de estar juntos y compartir historias de aventuras.

Desde entonces, Pablo se convirtió en una leyenda en la ciudad. Aunque seguía explorando y buscando nuevos misterios, siempre recordaba que la verdadera riqueza estaba en las amistades y en los momentos felices que compartía con los demás.

Y así, las aventuras de Pablo, el paloma cauteloso, se convirtieron en una inspiración para todos en la ciudad. Su valentía, curiosidad y generosidad enseñaron a todos que, a veces, los tesoros más valiosos no se encuentran en cofres antiguos o mapas misteriosos, sino en los corazones de aquellos que te rodean.

The Adventures of Pablo, the Cautious Pigeon

In a vibrant city full of hustle and bustle, lived a pigeon named Pablo. Pablo was no ordinary pigeon; he had a very special characteristic: he was the most cautious and curious pigeon in the entire city! His feathers were a bright gray with silver flecks, and he always wore a small hat that gave him a very distinguished look. While many pigeons were content to peck at crumbs in the parks, Pablo had dreams of adventures and mysteries that took him beyond the city limits.

Pablo spent his days exploring every nook and cranny of the city, from the tall rooftops to the dark alleyways, seeking new adventures and solving small enigmas he encountered along the way. However, his everyday life changed dramatically one day when he discovered something truly extraordinary.

One sunny morning, as Pablo was flying over the market, he noticed something shiny on the ground among a pile of fresh vegetables. Landing gracefully, he discovered a small, ancient chest covered in dust and cobwebs. The chest looked so old that it nearly fell apart when he touched it. With his curiosity at its peak, Pablo opened the chest with his beak and found an ancient scroll inside.

"This map must lead to something exciting!" thought Pablo, examining the delicate lines and mysterious symbols on the parchment.

The map showed a route through the city, with a large X marked at a location Pablo didn't recognize. Determined to find out where the map led, Pablo decided he had to follow the marked route and uncover the mystery.

The first place on the map was the city's grand bridge, a majestic stone bridge arching over the river. Pablo flew there and found a clue hidden in one of the bridge's pillars: a small stone with an inscription that read, "Follow the golden path."

Pablo looked around and noticed a trail of small golden stones leading to an old neighborhood in the city. Following the trail with great attention, he arrived at a charming cobblestone street filled with shops and cafes. The trail led him to an ancient bookstore, where he found a second clue hidden among adventure storybooks.

The clue said, "Look for the clock that is always on time."

Intrigued, Pablo looked around and saw an old wall clock in a corner of the bookstore. He approached the clock and discovered that behind it was a small golden key. The key had an intricate filigree design and seemed to fit perfectly into the chest he had found.

With the golden key in his beak, Pablo returned to the market where he had found the chest. Using the key, he opened the chest and found a note inside that read, "The real treasure is in friendship and bravery."

At first, Pablo felt a bit disappointed. He had expected to find a treasure chest full of jewels or coins, but he soon realized that the message on the note was even more valuable. The real adventure wasn't in the gold but in the experiences and friendships he had gained during his search.

Determined to share his discovery, Pablo organized a grand party in the city park and invited all his friends, both pigeons and other animals. During the party, he told everyone about his adventure and the message of the map. Everyone was amazed and admired Pablo's bravery and curiosity.

That night, under the starry sky, Pablo and his friends sat together in the park, enjoying the food and laughing about the stories Pablo had shared. The party was a great success, and everyone agreed that the true reward was the joy of being together and sharing adventure stories.

From then on, Pablo became a legend in the city. Although he continued to explore and seek new mysteries, he always remembered that the real treasure was in the friendships and happy moments he shared with others.

And so, the adventures of Pablo, the cautious pigeon, became an inspiration for everyone in the city. His bravery, curiosity, and generosity taught everyone that sometimes the most valuable treasures are not found in ancient chests or mysterious maps, but in the hearts of those around you.

www.ingramcontent.com/pod-product-compliance
Lightning Source LLC
Chambersburg PA
CBHW051356150726
48000CB00003B/1209